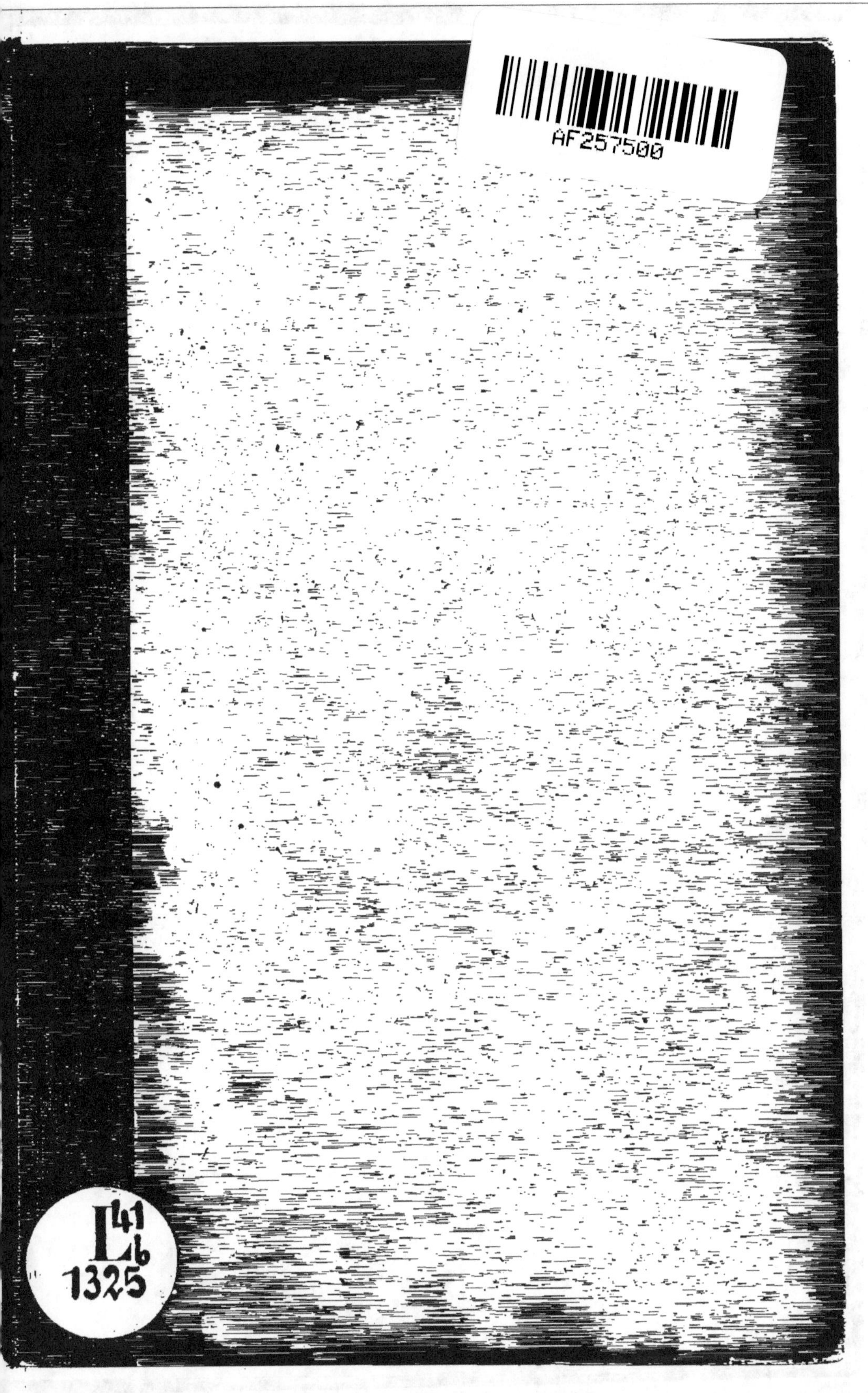

# EST-IL CONVENABLE

## AUX INTÉRÊTS DE LA RÉPUBLIQUE

## DE FAIRE LA PAIX?

### OU

SENTIMENT d'un républicain sur la déclaration faite par l'électeur de Mayence à la diète de Ratisbonne, et sur la situation de la république à l'égard de ses ennemis, et en particulier, à l'égard de l'Autriche et de l'Angleterre.

Imprimé par ordre d'Ysabeau, représentant du peuple.

DEPUIS que les despotes qui vouloient nous anéantir, ont vu leurs revers et nos triomphes, ils se disposent à nous demander grace: il ne s'agit pas d'examiner s'ils méritent de l'obtenir, mais s'il convient aux intérêts de la république de l'accorder.

A

( 1795 )

L'électeur de Mayence, dans une déclaration qu'il vient d'adresser à la diète de Ratisbonne, avoue que la guerre actuelle est souverainement ruineuse, et qu'elle a été pour l'empire d'Allemagne une source de désastres ; il veut qu'on intéresse les rois de Suede et de Dannemarck, membres de l'empire, mais qui, comme rois, ont gardé la neutralité, à offrir leur médiation, pour obtenir de la France une paix acceptable.

Les électeurs de Trèves et de Cologne, l'électeur Palatin et le roi de Prusse ont aussi voté dans le sens de cette déclaration, qui a eu aussi pour elle l'aveu de l'empereur et le vœu du collège des princes de la diète.

On peut croire, à commencer par le roi de Prusse, que le vœu de tous ces princes en faveur de la paix, est un vœu sincere. Le roi de Prusse a du s'instruire par ses revers ; il a eu aussi dans sa cour son comité Autrichien, et ce comité l'a entraîné dans une alliance extrêmement contraire aux intérêts de la maison de Brandebourg. Qu'avoit-il à perdre en restant en paix ? Et qu'a-t-il gagné en faisant la guerre à une nation qu'il auroit dû considérer, après son armée et son trésor, comme sa premiere protectrice ? Il a épuisé ses finances ; ses domaines sont vides d'hommes et de soldats, l'antique gloire de son armée n'est plus, elle s'est flétrie, ainsi que celle de ses généraux, en fuyant par-tout devant ces officiers et ces soldats d'un jour, qui composent nos phalanges républicaines. On peut croire d'autant plus facilement qu'il songe à nous désarmer par ses soumissions, et à se retirer de bonne foi de là querelle, que ce prince n'y est point partie intégrante; qu'il n'a rien à gagner dans cette guerre, et qu'il peut, en la continuant, éprouver des pertes immenses. Ses possessions de Westphalie et de Gueldres sont au nombre des premières que nos armées rencontreront dès qu'elles auront passé le Rhin. Nous nous souviendrons, s'il nous y oblige, qu'il nous a attaqués sans provocation, et en portant le fer et la flamme dans cette partie de ses états, nous lui ferons expier les ravages qu'il exerça en 1792 dans les plaines de la Champagne.

A l'égard des électeurs de Trèves et de Cologne, ils ont déjà perdu la totalité de leurs états. L'électeur de Mayence et l'électeur Palatin ont aussi perdu une partie des leurs, et nos armées menacent le reste. Il est bien naturel qu'ils desirent qu'une *paix acceptable* les remette, ou à peu près, dans l'état où ils étoient, lorsqu'ils ont attiré sur eux les armes de la république ; mais c'est un desir que nous ne sommes pas obligés de partager.

C'est tout ce qu'ils pourroient espérer, si la France n'avoit pas de grands affronts à venger et de grandes indemnités à prétendre, pour la guerre aussi injuste que ruineuse à laquelle on l'a contrainte , et s'il y avoit quelque vérité dans une assertion que l'électeur de Mayence s'est permise, savoir, *que jamais l'empire n'a entendu se mêler des affaires intérieures de la France , et qu'il peut en faire la déclaration à la nation Française.*

Si l'empire déclare ce fait , il déclarera un mensonge. Cet écrit obséquieux , le ton très-remarquable d'humilité qui y règne, non plus que le nom de *nation Française*, qu'on veut bien enfin nous accorder , tandis qu'au commencement de la campagne on nons appelloit *un ramas d'assassins et de bandits*, ne nous font pas perdre la mémoire sur les perfidies et les outrages par lesquels l'empereur et l'empire d'Allemagne se sont signalés envers nous depuis cinq ans.

J'en vais tracer ici l'abrégé. S'il ne change rien aux droits que la république tient de ses victoires, il servira du moins à lui rappeller le caractère de ses ennemis, et à fixer le dégré de confiance dont ils sont dignes.

Lorsque le ci-devant roi, au mépris de ses sermens, et des bienfaits dont la nation françoise l'avoit comblé, tenta de sortir de France sous un faux nom, et qu'il eut été arrêté à Varennes, et reconduit à Paris, l'empereur d'Allemagne et le roi de Prusse firent à *Pilnitz*, un traité, non-seulement pour se mêler de notre régime intérieur, mais encore pour le renverser. Ce traité a été connu de l'Europe entiere ; il sera difficile de le faire quadrer avec la déclaration actuelle de l'empire et de l'empereur.

Lorsque l'assemblée constituante, par des raisons qui ne sont pas encore bien éclaircies, eut consenti à rendre au ci-devant roi un trône, que sa fuite du 20 Juin 1791 auroit dû faire déclarer vacant, l'empereur osa, peu de temps après, notifier à la France, que le traité de *Pilnitz* n'en subsistoit pas moins, et qu'il dépendroit, seulement des circonstances subséquentes, que ce traité reçut ou non son exécution. Il sera encore fort difficile de faire quadrer cette déclaration, avec celle qu'il plait à l'empereur et à l'empire de faire aujourd'hui.

L'empereur., quoiqu'allié de la France., autorisoit les Français rebelles à former des cantonnemens dans les Pays-Bas ; ils avoient la permission d'y porter la cocarde blanche, qui étoit une cocarde de rebellion , tandis que la cocarde nationale y étoit proscrite , et les patriotes Français obligés de la quitter , sous peine de prison , dès qu'ils mettoient le pied dans les Pays-Bas.

L'électeur de Trêves , membre de l'empire, et l'un de ceux qui osent dire aujonrd'hui qu'ils n'ont pas entendn se mêler de notre régime intérieur , conspiroit ouvertement pour le détruire. Il avoit fait de Coblentz , c'est-à-dire de sa cour, un lieu d'asyle et de rassemblement pour les Français rebelles. Ils étoient admis à y former des corps armés , et à menacer leur patrie. On y avoit recréé les mousquetaircs , les chevaux légers , les gendarmes de la garde et plusieurs autres corps récemment proscrits par notre constitution ; et lorsqu'un ministre , envoyé par la France, alla faire à l'électeur de Trêves des représentations sur cette conduite , contraire aux traités qui subsistoient entre les deux pays , il fut menacé , insulté , et obligé de se sauver nuitamment pour n'être pas assassiné.

Le manifeste publié , le 22 Juillet 1792 , au

nom de l'empereur et du roi de Prusse, par le duc de Brunswick, comme leur généralissime, annonce encore l'intention où étoient ces deux princes de se mêler de notre régime intérieur. Ils nous y enjoignent de restituer au ci-devant roi toutes ses prérogatives, ou de le conduire avec respect sur la frontière (où étoit leur armée, et où il n'auroit pas manqué de se joindre à eux), pour qu'il ait à ratifier ou à refuser la constitution de 1789. Ils ajoutent à cette insolente sommation, les plus atroces menaces, si l'on n'y obéit pas; et pour le dire en passant, ce manifeste, et la collusion évidente de la cour et des ennemis extérieurs qu'elle feignoit de combattre, furent l'un des principaux motifs des patriotes au désespoir, pour incarcérer le ci-devant roi, et pour renverser le trône dans la journée du 10 Août.

L'empereur et l'empire avoient tellement le dessein de se mêler de notre gouvernement intérieur, qu'au mois d'Avril 1793, quoique châtiés par les événemens de la campagne précédente, le prince de Cobourg, leur généralissime, publia un nouveau manifeste, où il prescrivoit à la Nation française l'acceptation de la constitution de 1789.

C'étoit une contradiction bien remarquable, qu'en 1792, la coalition nous eût fait la guerre, pour nous punir de nous être donné la constitution de 1789, et qu'en 1793, elle fit, de l'acceptation de cette constitution, qu'elle vouloit renverser l'année précédente, l'une des conditions de la paix qu'elle nous offroit ; mais les despotes ne sont pas à une contradiction près, et celle-là même prouve, avec évidence, que l'empereur et l'empire ont entendu, pendant toute la guerre, pouvoir s'immiscer dans notre gouvernement intérieur, et que même ils ne nous l'ont faite que pour faire valoir ce prétendu droit.

S'ils désavouent maintenant cette prétention, ce n'est point parce qu'elle est injuste, car elle l'étoit alors comme aujourd'hui, mais parce qu'elle leur a mal réussi. C'est ainsi qu'ils ont recours à un langage obséquieux, depuis que les revers, qui se sont accumulés sur leurs armes, ne leur permettent plus de garder le langage de l'insolence.

Il est digne de la république de conserver, dans les négociations où elle consentira d'entrer, ce caractere imposant qu'elle a pris dans ses armées. Qu'elle laisse donc à l'écart et les flatteries actuelles, et les mensonges sans pudeur, des despotes qui s'étoient réunis pour l'anéantir, et qu'elle songe seulement

à ses droits et à ses besoins. La guerre et
ses hasards sanglans sont pour les nations,
ce que sont les querelles judiciaires pour de
simples citoyens. Si l'un de ceux-ci m'inten-
toit un procès injuste, qui compromît ma
fortune et mon existence, il n'y a point de
tribunal équitable, qui ne dût le condamner
à une réparation proportionnée au tort que
m'auroient fait ses poursuites, et au danger qu'elles m'auroient fait courir. Que
la république règle sa conduite sur ce principe. Lorsque les despotes ont rassemblé leurs
esclaves pour nous envahir, et la France ses
hommes libres pour se défendre, elle et ses
ennemis ont comparu au tribunal du Dieu
des armées. Nos victoires ont été son jugement, et le territoire laissé vacant par les
brigands coalisés et fuyant au-delà du Rhin,
la mesure de l'indemnité qu'il nous a accordée.
Prévalons-nous de ce juste arrêt, dans toute sa
plénitude. Que les terres des évêques de Mayence, de Trèves et de Cologne, celles du Palatin et
celles de leurs barons et de leurs chanoines,
deviennent pour la république de nouveaux
domaines nationaux, dont une partie augmen-
tera le gage de ses assignats, et l'autre
servira à récompenser les braves soldats qui
l'ont glorieusement servie. Il y avoit parmi les

peuples barbares que nous avons vaincus, une ancienne loi née de la ferocité des nobles, et des misères de leurs esclaves. Cette loi fixoit ce qu'il en coûtoit pour se rédimer du meurtre d'un paysan , et ce qu'il en coûtoit quand on l'avoit mutilé; chaque membre du corps humain avoit son prix, et tout seigneur de fief pouvoit aller choisir dans ce tarif de sang la cruauté qu'il vouloit commettre. Tournons au profit de l'humanité ce que les ayeux des brigands titrés que nous venons de combattre avoient établi contr'elle. Ceux dont nous avons conquis les domaines , ont dans cette guerre impie , massacré une partie de nos freres et de nos enfans ; ils en ont mutilé une autre partie ; exécutons contr'eux le tarif de leurs ancêtres. Que la famille de tout citoyen qui aura péri en défendant la république , reçoive une indemnité , et que tout soldat mutilé en reçoive une autre ; que ces indemnités soient indépendantes de celles qui ont été promises à chaque défenseur de la patrie par d'autres décrets , et qu'elles soient payables sur les domaines nationaux des pays conquis. Nous ferons ainsi , d'une loi exécrable , une loi sublime.

En même temps que la république récompensera nos freres d'armes , elle pourvoira à sa sûreté personnelle, par une barrière que les brigands du Nord n'oseront franchir. Il faut des barrières aux grandes nations, qui ont toujours des voisins jaloux de leur prospérité, pour les empêcher de la venir troubler par des incursions subites. Le Rhin étoit la barrière des Gaules, qu'il le soit aussi de la France libre et régénérée ; qu'à l'endroit où il détache à gauche son premier bras, appellé Waal, ce nouveau fleuve borne le territoire français jusqu'à son entrée dans la Meuse ; qu'alors la rive gauche de cette grande rivière soit notre barrière jusqu'à son embouchure dans la mer. La France sera de cette manière le plus magnifique empire de l'univers, et le mieux circonscrit. Au levant, il aura pour bornes le Jura et les Alpes ; au Midi, la mer Méditerranée et les Pyrénées ; à l'Ouest et au Nord, l'Océan, la Manche et la mer Germanique ; et au Nord-est le Rhin, le Waal et la Meuse.

Il y a dans ce projet un autre avantage ; c'est que pour l'exécuter, il ne nous reste à conquérir que cinq ou six places, parmi lesquelles peut-être Mayence seule exigera un siège en régle à cause de sa position. Les autres et Luxembourg même, enclavées dans nos conquêtes, tomberont sans siège par le

seul effet des cantonnemens que nous éta-
blirons autour de leurs murailles , et qui ré-
duiront par la faim leurs garnisons et leurs
habitans à se rendre , avant l'ouverture de la
prochaine campagne.

On objectera contre ce projet, qu'il n'aura
pas le consentement de l'Europe , ni celui
des peuples conquis.

A l'égard du consentement de l'Europe ,
je réponds que si elle le refuse , nous pren-
drons le parti de nous en passer. Elle l'avoit
aussi refusé à la révolution que nous avons
faite ; qu'y a-t-elle gagné ? Réduisons d'ail-
leurs ce grand mot à sa valeur précise.
L'Europe , sur le point dont il s'agit , consiste
dans la Hollande , l'empereur et le roi de
Prusse , c'est-à-dire , dans un petit état qui
n'a plus ni soldats , ni courage , ni patrio-
tisme , ni énergie , et dans deux misérables
despotes que nous accablons depuis trois ans,
et dont nos phalanges républicaines ont pres-
qu'anéanti les armées. Seront-ils plus redou-
tables maintenant et ruinés qu'ils sont par
tant de revers , qu'ils ne l'étoient alors au
milieu de leurs richesses et de leur puissance?
Si la Hollande à la démence de refuser la
cession de ce qu'elle possédoit dans le Brabant,
et celle de cette autre partie de son terri-

toire qui est entre la Meuse et le Waal, nous l'en punirons en la conquérant elle-même. Alors notre borne sera l'Issel qui étoit aussi celle de l'ancienne Gaule. Quant au roi de Prusse, s'il lui arrive de contrarier un projet qui ne lui coûte pas un village, en mettant contre nous en campagne le misérable reste de ses soldats, la république l'en punira en prenant Neufchâtel et Valangin (*), et en faisant occuper ses états de Westphalie et de Gueldres par une armée : nous irons, s'il nous y force, jusqu'à Berlin, punir de longs attentats contre nous, en y

---

(*) On objectera que cette occupation de Neufchâtel déplaira aux Suisses, parce que les habitans de Neufchâtel sont leur alliés. Cela pourroit-être, si en prenant Neufchâtel, nous entendions en faire une partie intégrante de la république ; mais nous laisserons aux habitans de cette principauté leurs mœurs, leurs usages, leurs loix et le degré d'indépendance et de liberté qu'ils ont maintenant. Ce sera seulement une punition pour le roi de Prusse, qu'on mortifiera dans sa vanité, en lui enlevant une partie de ses titres et de ses domaines, et dans son avidité, en diminuant ses revenus. J'ai pour principe qu'il doit en coûter quelque chose à tous ceux qui ont attaqué la France dans cette guerre, afin que la perte qu'ils auront éprouvée, soit pour eux un avertissement continuel de ne pas recommencer.

renversant son trône de sable et de boue. Quant à l'Empereur, comme c'est, je l'espère, entre lui et nous une guerre à mort, son consentement au projet dont il s'agit ne videroit point la querelle, ainsi je me dispense d'en tenir compte.

Quant au consentement des peuples, nous n'en aurions besoin qu'autant que nous voudrions faire de leur pays une partie intégrante de la république française, en les élevant à la dignité de citoyens. Je conviens que dans cette supposition, leur adhésion nous seroit nécessaire, car on n'a pas, selon moi, le droit de faire aux hommes un bien qui leur semble un mal, ni de leur donner une liberté de laquelle ils ne veulent point; mais nous n'avons pas besoin de leur consentement pour les gouverner en peuple conquis; nos droits sont dans notre conquête: nous suivrons à leur égard les maximes de Rome, dans le temps de sa véritable puissance: tous ses citoyens étoient dans ses murs et dans son territoire primitif; les peuples conquis n'étoient que sujets, et ils étoient des sujets fidèles, parce que Rome avoit le bon sens de se contenter d'un tribut, et de leur laisser leurs mœurs, leurs lois, leurs usages, et même leurs préjugés, lorsqu'ils montroient de la répugnance à en changer. Nous suivrons ce sage exemple, au lieu d'imiter la désastreuse folie du commun des conquérans, qui regardent leurs victoires comme imparfaites, tant qu'ils ne donnent pas leurs coûtumes et leurs lois aux peuples conquis. *Cela n'est bon à rien*, dit admirablement Montesquieu, *car dans toute sorte de gouvernemens on est capable d'obéir.*

La république ne doit donc accorder de paix aux électeurs de Mayence, de Trèves et de Cologne, ni à l'électeur Palatin, ni au duc de Deux-Ponts, ni aux autres princes, ci-devant *possessionnés* le long du Rhin, qu'autant qu'ils lui céderont tout ce qu'ils avoient sur la rive guache, jusqu'au a Waal. A ces conditions, elle permettra que l'évêque de Mayence règne paisiblement dans sa ville d'Erfurt en Turinge, où même au village de Cassel, près du confluent du Mein. L'évêque de Cologne est évêque de Munster, et l'évêque de Trèves l'est aussi d'Ausbourg, ils iront habiter ces diocèses; la république, par ses victoires, les aura ainsi rappellés à l'observation des lois canoniques, qui ne permettent pas qu'un individu possède plus d'un bénéfice, ayant charge d'ames. Le duc de Deux-Ponts ira vivre à la cour de Bavière, d'une pension que lui fera son vieux et imbécile parent, en attendant qu'il lui succède. Quant à celui-ci , il ratifiera pareillement la prise de possession faite par la république, des duchés de Cleves et de Juliers, et de la gauche du Palatinat du Rhin , et à cette condition elle consentira à ne pas écraser Manheim , ni ce qui reste de Dusseldorf, sous ses bombes vengeresses.

Je n'ai pas compté l'Angleterre plus que l'Autriche, parmi les puissances dont nous accepterions le consentement sur cette cession et sur celle des Pays-Bas. Je pense que si elles l'offroient, il faudroit le refuser, et continuer la guerre contr'elles. Mes raisons sont que nous ne sommes pas suffisamment vengés de leurs perfidies ni de leurs outrages; mes raisons sont encore que la paix, dont ce consentement seroit la condition, sincère de notre part, ne le seroit point de la leur; ces deux cours infernales n'y verroient qu'un avantage pour leur lâcheté, et un profit pour leur avarice. La guerre leur coûte au moins un milliard par an, elle leur enlevera, en se prolongeant, le reste de leurs esclaves. Mais si nous tombions dans le piège de cette paix apparente, elles cesseroient de hasarder leur sang, et avec cent millions, ou même avec ces faux assignats que l'Angleterre à l'infamie de fabriquer, et qu'elle répandroit parmi nous,

avec son adresse accoutumée, elle nous don-
neroit de longues convulsions, peut-être même
la guerre vivile.

Songeons, de grace, à la situation où nous
sommes. Nous n'avons point de gouvernement:
la constitution est suspendue: le gouvernement
révolutionnaire, tel que le décret du 14 Fri-
maire dernier l'avoit institué, déplait à la
majorité de la convention, et je ne pense pas que
la majorité de la nation en soit plus contente.
Si les choses marchent, c'est grace au mouvement que leur impriment quelques représentans du peuple en mission, ou grace encore
à cet amour naturel de l'ordre, et à cette espèce d'*accoutumance*, qui fait que les choses
vont, parce qu'elles ont été; mais nous n'en
sommes pas moins dans une fluctuation poli-
tiq e très-allarmante, et pendant la durée de
laquelle tout mouvement considérable et subit peut nous devenir mortel. Si tous les hommes, qui sont dans nos administrations militaires et dans nos armées, reparoissoient tout-
à-coup dans leurs foyers, et s'y trouvoient
sans salaire, croit-on qu'ils y maintiendroient
la paix? Croit-on qu'il seroit difficile aux puissances étrangères de les employer à la troubler? croit-on qu'elles renoncent sans regret à
l'espoir de nous ramener à une condition d'es-

C

claves ? Elles le diront, mais il faudroit une
crédulité d'enfant pour le croire. Les rois
n'aiment pas les républiques, et ne peuvent
pas les aimer, car ils ne peuvent pas aimer
un ordre de choses qui est une censure per-
pétuelle de l'illégitimité de leur puissance,
et de l'état où leurs sujets sont réduits. Ils
garderont donc sans cesse leur haine pour
notre révolution, et le desir de la renverser. On
ne peut pas leur ôter ce desir, il est inhérent
à leur condition de roi : tout ce qu'on peut
faire, c'est de le concentrer dans leurs cœurs,
et de le forcer d'y rester inactif. Or, je nie
que le moment actuel soit bien choisi pour
obtenir cet effet.

Nous avons un million d'hommes sous les
armes : il a fallu les nourrir, les armer, les
habiller, les mettre à couvert, les soigner
dans leurs maladies, transporter leurs baga-
ges, nourrir la cavalerie, et les chevaux
de ceux qui en ont, quoiqu'ils n'appar-
tiennent point par état à cette espèce d'arme ;
de là l'administration des vivres, celle des
armes, celle de l'habillement et campement et
équipement, celle des fourrages, celle des
charrois, celle des hôpitaux, etc. : toutes ren-
ferment d'honnêtes gens, et des gens instruits,
mais dans toutes aussi les fripons abondent

avec les hommes sans instruction et sans ca-
pacité : et cela a dû être ainsi, car, au milieu du mouvement immense et subit où les
efforts de l'Europe coalisée pour nous envahir, et nos efforts en sens contraire pour résister, avoient jetté la république, on n'avoit
pas le temps d'examiner, et l'on étoit forcé
de prendre chaque homme au mot sur la
probité dont il se vantoit, ainsi que sur l'em-
ploi auquel il se disoit propre. Il y a eu souvent une grande discordance entre ces asser-
tions et les faits qui les ont suivies. La paix
supprimera toutes ces administrations : les honnêtes gens qui auront fait leur devoir, vécu
avec bon sens et avec économie, et qui auront tâché de mettre en réserve de quoi sub-
sister, après la suppression de leur place,
rentreront dans leurs foyers avec honneur,
et loin d'y troubler l'ordre, ils l'y maintien-
dront. Mais en sera-t-il de même de ceux qui
auront fait une grande fortune par des voies
illicites, et de ceux qui n'avoient, pour moyen
de subsistance, qu'une place supprimée? les
uns craindront le retour de l'ordre, parce
qu'il doit les faire punir capitalement, ou
tout au moins les faire dépouiller de ce qu'il
y a d'illégitime dans leur fortune : les autres
ayant pris l'habitude de la dépense, et n'ayant

plus ni revenu ni profession pour la soutenir, verront leur probité en guerre avec leurs besoins, et les mauvaises actions d'un grand nombre d'entr'eux appartiendront à quiconque voudra les payer. On ne verroit pas ce danger dans toute son étendue, si l'on oublioit de quels élémens toutes ces administrations ont été composées : combien d'hommes suspects y ont cherché un asyle, combien de marquis et de comtes s'y sont cachés, les uns pour avoir des places, les autres pour se soustraire aux réquisitions, les autres peut-être dans des vues moins excusables. Qu'on se souvienne de tout cela, et que l'on calcule ensuite l'effet que produiroit, dans un gouvernement mal affermi, et après les convulsions de toute espèce dont nous sortons, le retour subit de plusieurs centaines de milliers d'hommes de cette trempe.

Mais, dira-t-on, vous voulez donc éterniser la guerre ? Non, je veux seulement la reléguer loin de nos foyers, parce que je l'aimerois encore moins dans nos foyers que sur nos frontières. Je veux donner à l'intérieur de la France, le temps de se remettre des convulsions qui l'ont agitée, à la Convention, celui de faire des loix sages, et d'acquérir par l'expérience du passé, cet esprit de suite dont elle a manqué jusqu'ici, et dont l'absence a été la principale cause de ses fautes et de nos malheurs ; je veux avant qu'on permette à plus d'un million d'hommes armés de reparoître dans les lieux où ils sont nés, que nous ayons un gouvernement assez vigoureux, pour punir les excès qu'ils pourroient commettre, et même pour réprimer cet esprit d'indépendance et ce mépris des loix de police, qu'on acquiert toujours au milieu des camps, malgré la discipline la plus sévère. Dans un an, peut-être en serons-nous là, mais maintenant y sommes nous ? Qui oseroit le dire. Eh ! songeons que dans un moment où, grace aux énormes dépenses de la république, il n'existe pas un seul homme qui ne puisse obtenir de son travail une subsistance aisée, ce qui doit infiniment diminuer le nombre des malfaiteurs, puisqu'aucun d'eux ne peut donner, à ses vices ni à ses crimes, l'excuse de ses besoins, il se forme pourtant des attroupemens en divers lieux, qu'on vole à main armée, qu'on assassine même impunément aux environs de Paris, presque sous les yeux de la convention nationale. Or, jugez de ce que nous deviendrions, si à ces noyaux de brigands, qu'on apperçoit par-tout, il se joignoit tous ceux que la guerre lait paroître honnêtes gens, parce qu'elle les fait vivre, mais que la paix rendroit à leur scélératesse, en les laissant sans argent et sans asyle.

Gardons-nous donc dans ce moment d'une paix universelle et subite, fut-elle sincère de la part de nos ennemis, soit comme du piège le plus funeste dans lequel nous puissions tomber, soit comme de la mesure la plus désastreuse que nous puissions prendre. Une paix partielle, aura même des inconvéniens : je le répète, l'un des malheurs de ces grandes guerres auxquelles on contraint une nation, c'est qu'elles mettent en activité une infinité d'hommes dangereux, dont à la paix on ne sait que faire. A Rome, ils servoient d'instrumens aux divers partis, et ils y ont plus d'une fois bouleversé le gouvernement. En France, après l'expulsion des Anglais, et malgré la vigueur du despotisme de Charles V, ils auroient couvert leur pays de meurtres et de ruines, si Duguesclin ne l'eût délivré des brigands, en allant en Castille, vendre ses services et les leurs au compétiteur d'un tyran, près de qui ils périrent presque tous. La raison d'état ne s'oppose cependant point à ce qu'on fasse une paix partielle, d'autant plus qu'elle est sollicitée par des considérations importantes, et que la convention connoit mieux que moi : il est seulement nécessaire de porter, dans les mesures qui doivent l'accompagner, beaucoup de prudence et beauconp de précautions. Je m'exprimerai avec plus de détail sur ce point dans un instant.

Mais avec qui fera-t-on une paix partielle? j'en vais dire ma pensée. Tous les ennemis que nous combattons haïssent la France, mais leur haîne n'est pas également acharnée. Elle semble suivre, dans son intensité, les proportions de la puissance, en sorte que les plus forts sont les plus implacables, et que les plus foibles seront le plutôt et le plus sincèrement réconciliés. Choisissons, pour leur donner la paix, ceux dont le pays a peu de ressources et que les revers ont déjà épuisés. Que ce soient par exemple la Hollande, le roi d'Espagne, et le roi de Sardaigne.

Les conditions de la paix avec la Hollande pourroient être, 1º. la cession du Brabant Hollandois, ce qui comprendroit celle de Bergop - Zoom, de Husden, de Bréda, de Gertruydemberg et des autres places, situées en de ça de la Meuse, et du Mordick; 2º la cession du territoire, situé entre le Wahal et la Meuse; 3º. une indemnité pour les frais de la guerre, qui consisteroit en vaisseaux de ligne en argent, en marchandises et en denrées, qu'on choisiroit parmi celles que les Hollandois ont accaparées des négocians de France, et dont grace à eux nous commençons à manquer; 4°. la révision de leur constitution, qui est monstr..euse, et qui d'une république, ne leur en laisse que le nom; 5°. le banissement à perpétuité du Stathouder et de sa famille, en particulier celui de la soi-disant princesse d'Orange, ce qui délivrera la Hollande d'une furie, et la France d'une des plus insolentes ennemies de sa révolution, et punira par surcroit le Roi de Prusse, dont cette furie est la sœur, et qui sera obligé de la nourrir.

Les conditions de la paix avec le roi d'Espagne pourroient être, 1°. la cession de la partie Espagnole de Saint-Domingue; 2°. la cession de la Guipuscoa, à cause du port du Passage que nous avons pris, et que nous avons besoin de garder, parce que depuis Rochefort jusques par-de-là Jean-de-Luz, la république n'a pas un seul port où ses vaissea x de ligne puissent mouiller; 3°. la cession de la Vallée d'Aran, que la nature n'a pas voulu donner à l'Espagne, puisqu'elle l'en a séparée par des montagnes, toujours chargées de neige, et qu'elle a voulu donner à la France, puisqu'elle lui a ouvert avec nous des communications

-très-faciles, et qu'elle y a fait naître un de
nos fleuves ; 4º. la cession de la Cerdagne Espagnole, c'est-à-dire celle de Puycerda, de
Belver et de leurs districts, qui couvrent l'Ar-
riège, que Montlibre ne couvre pas ; 5º. deux
mille étalons et six mille jumens, pour remon-
ter nos haras ; 6º. autant de vaisseaux de li-
gnes que nous en avons perdu à Toulon, car
il est juste que le roi d'Espagne nous les ren-
de, puisqu'il a aidé les Anglais à nous les
*voler* ; 7º. il s'obligera d'indemniser les négocians et les autres Français, qu'il a dépouil-
lés par ses édits, en prenant pour base de
l'indemnité qui leur sera due, les états qu'ils
fourniront, et du contenu desquels ils seront
tenus de justifier.

Il est à croire que le roi d'Espagne ne re-
fusera point ces conditions, à l'aspect des
progrès que nous avons fait dans son pays,
et en songeant aux progrès plus considérables
encore que nous sommes sur le point d'y faire.
Les deux victoires consécutives que l'armée
des Pyrénées orientales vient de remporter,
et la prise de Figuères qu'on dit en avoir été
la suite, sont de grands moyens de persua-
sion. Si cependant ils n'agissoient pas suffisamment sur le roi d'Espagne, cette armée
et celle des Pyrénées occidentales, nous met-

troient en état dans peu de mois de lui im-
poser des conditions beaucoup plus dures ,
puisque Pampelune ou Bilbao pris , tandis
que l'une de nos armées assiégeroit Barcelone,
rien n'empêcheroit l'autre de pénétrer jusqu'à
Madrid.

Les conditions de la paix avec le roi de Sardaigne pourroient être , 1° la cession de la
ci-devant Savoie, devenue partie intégrante
de la république , sous le nom de département du Montblanc ; 2° la cession du ci-devant comté de Nice , devenu aussi partie intégrante de la république , sous le nom de
département des Alpes maritimes.

A ces conditions , nous offririons au roi de
Sardaigne , non-seulement de lui garantir le
reste de ses états , mais même de l'aider à
prendre le Milanois. Le Milanois est l'une
des plus riches provinces qui restent à l'Autrichien, celle dont il se sert pour influencer
l'Italie, et par conséquent celle dont il importe
maintenant le plus à la République de le
dépouiller.

Soit que ces conditions paroissent à la
convention nationale devoir être celles qu'elles
accordera à nos ennemis, soit qu'elle leur en offre
d'autres; je demanderai qu'elles soient pesées
dans son intérieur, et dès qu'elles y auront été

adoptées qu'elles soient envoyées aux despotes vaincus comme d'inflexibles décrets auxquels ils seront tenus de se soumettre. Je vois dans la déclaration de l'Electeur de Mayence un projet d'engager les rois de Suède et de Danemarck à interposer leur médiation ; s'ils l'offrent, mon opinion est qu'elle doit être refusée. Il ne faut pas plus souffrir que des étrangers se mêlent de la conclusion de la paix , qu'on ne leur a permis de se mêler de la conduite de la guerre. Il ne faut pas non-plus que la République se laisse entraîner dans toutes ces arguties diplomatiques , où les pesans Allemands triomphent , et où les bouillans Français ont toujours perdu une partie de leurs avantages; on a bon marché d'eux lorsqu'on les ennuie , et il est aisé de surprendre à leur impatience, ce qu'on n'obtiendroit pas de leur justice ni de leur raison. La diplomatie de la République doit ressembler à celle de Charles XII, qui envoyoit , en cinq ou six articles, les conditions de paix qu'il accordoit à ses ennemis vaincus , et qui ne souffroit pas qu'ils osassent y changer une syllabe. Si les despotes coalisés se récrioient sur la dureté de nos propositions , on les feroit souvenir de la conduite de leurs pareils envers les malheureux Polonais, dont la cause ressembloit tant à la nôtre; nous ne leur repondrions pas comme Brennus lorsqu'il eût pris Rome: *vœ victis*, malheur aux vaincus! et cependant leur conscience leur diroit que s'ils eussent été victorieux, ils auroient usé, bien plus durement que nous de cette maxime, mais nous leur répondrons comme un romain à Mithridate, qui se récrioit aussi sur ses conditions de paix qu'on lui proposoit: *je te laisse une partie de tes provinces, à toi qui devrois me remercier de ce que je te laisse la main avec laquelle tu as signé l'ordre de faire mourir, en un jour, cent mille romains.* Nous n'avons que trop le droit de nous servir de cette réponse: la guerre à laquelle ces barbares ont contraint la France, aura été un ordre de mort pour plus de cinq cents mille républicains.

Au moyen de ces trois traités de paix, nous pourrons diminuer nos armées de plus d'un tiers, et diminuer aussi dans la même proportion les administrations qui les accompagnent; les hommes déjà avancés en âge, ceux qui ont des infirmités ou une santé chancelante, ceux qui exercent quelque métier ou quelque art utile, et ceux dont le temps de service sera expiré, obtiendront leur congé absolu et ils seront mis en possession de la part que leur doit la République dans les domaines nationaux récemment conquis; ou si ce partage est, quant à présent impossible, le revenu que chaque part doit produire sera estimé, et la République en payera, en attendant, l'intérêt sur le pied de l'estimation, à chacun de nos frères d'armes.

En acquittant la France envers nos braves soldats, la Convention nationale fera, par ce même acte, une opération politique très-utile. Il ne faut pas demander aux hommes en général de réunir des qualités qui, presque toujours s'excluent, ni par conséquent s'attendre que ces guerriers si fiers, si intrépides devant l'ennemi, soient d'abord dans leurs foyers des citoyens bien paisibles. Il y en aura qui donneront l'exemple de l'obéissance aux lois; beaucoup d'autres donneroient l'exemple contraire. Vulez-vous que ceux-ci même désirent la paix et l'ordre? intéressez-les à les respecter. Celui qui n'a rien est l'ennemi naturel de celui qui a; pour obtenir qu'un homme sente profondément ce qu'il doit aux propriétés d'autrui, il faut commencer par lui en donner une; j'accorderois en conséquence une part dans les domaines nationaux, même aux membres des administrations militaires qui se seroient bien conduits. L'une des causes

qui rend le soldat plus honnête homme que
l'employé, est la certitude d'avoir, à la paix,
un quartier de terre ou une pension dont il
pourra vivre, ce qui fait qu'en attendant il
se contente de sa paye et qu'il garde sa probité; l'autre voit qu'à la paix son pays l'aban-
donnera, et il le vole pour ne pas rester sans
ressource. Les gouvernemens se trouveront
toujours mal de montrer aux hommes cette
ingratitude. Si la Convention nationale
veut trouver plus de fidélité dans ses employés,
qu'elle fasse une loi qui promette à l'époque
de la paix une récompense aux honnêtes
gens des administrations militaires et des
supplices aux fripons. Cette loi n'empêchera
point que l'intérêt de plusieurs de ces hommes
là, qui ont par état des sommes immenses
à leur merci, ne soit souvent encore en contradiction avec leurs devoirs; mais en éta-
blissant des récompenses qui seront un signe
d'honneur pour ceux qui les obtiendront, et
un signe d'opprobre pour ceux à qui elles
seront refusées, elle donnera à leurs tentations
d'improbité un contrepoids dont elles avoient
manqué jusqu'ici et qui préviendra beaucoup
de chûtes. De plus cette loi contribuera à
maintenir la paix dans la société, car une
multitude d'employés resteront honnêtes gens

ayant dequoi vivre, qui, s'ils eussent manqué de ressources, seroient devenus des brigands et des malfaiteurs.

Ayant assuré la tranquillité de l'intérieur par ces sages dispositions , et se trouvant délivrée par ces trois traités d'une partie considérable de ses ennemis , la convention nationale pourra déployer les forces de la république contre l'Angleterre et la maison d'Autriche , jusqu'à ce qu'elle les ait anéanties. Si l'on me demande pourquoi je mets cette différence entre ces deux puissances et celles à qui la France accorde la paix , je répondrai que c'est parce que celles-ci ne sont devenues ennemies de la république, que par circonstances, tandis que l'Angleterre et la maison d'Autriche , le sont par vengeance , par avidité , et sur-tout par principe de gouvernement.

En lisant l'histoire de la maison d'Autriche avec attention , il est impossible de ne pas frémir de l'esprit qui l'a toujours animée depuis Rodolphe d'Hasbourg , jusqu'à nos jours. C'est la seule famille au monde , à qui l'on ait vu suivre depuis six siècles , des projets d'agrandissement et de tyrannie sans qu'aucun obstacle ait pu l'en distraire. C'est aussi la première cour qui ait senti que les prêtres

ne sont pas si ennemis des rois , qu'ils le paroissent , que la superstition est plutôt l'alliée
naturelle du despotisme, puisque celui-ci, non
plus que le sacerdoce , ne peut garder sa puissance qu'en tenant les hommes dans l'igno-
rance et dans la stupidité. Aussi , tandis que
ses intrigues agitoient les cours étrangères ,
et que ses armées ensanglantoient l'Europe ,
ses édits et ses loix de police , s'opposoient
dans son intérieur aux progrés de l'esprit humain , et favorisoient ceux du fanatisme. Les
moines l'en avoient récompensée par un dévouement servile : les plus dangereux tels que
les Jésuites , sentant que leur cause étoit commune , n'ont jamais été que ses esclaves , et
pendant long-temps , ils n'étoient guère moins
les missionnaires de l'Autriche que ceux de
Rome , dans les états où ils s'étoient introduits.
C'étoit par eux et par leurs pareils , qu'elle
disposoit des jours des princes , qu'elle crai-
gnoit, et qu'elle disposa sur-tout de ceux
d'Henri IV , à l'instant où ce prince qui n'é-
toit guère moins despote qu'elle , mais qui
étoit un despote très-éclairé , entroit en campagne pour l'anéantir , elle se tenoit même
si sûre de l'arrêter par un assassinat , qu'elle
n'avoit fait aucun préparatif pour lui résister,
et que la nouvelle de ce meurtre s'étoit ré-

pandue dans les états d'Autriche , plusieurs jours avant qu'il arrivât.

Un autre politique de cette maison , c'étoit d'avancer sa fortune par des mariages ; un des premiers qui en fit usage fut ce Maxi-milien , sur-nommé par les Italiens , *Pochi Denari*, et par les Français, *Petite Chevance*, parce que il étoit toujours court d'argent , et toujours prêt à vendre sa foi pour en ob-tenir : il ne signoit jamais un traité de paix sans stipuler à son profit , une espèce de pot-de-vin : quand il avoit dissipé l'argent que ce traité lui avoit produit , il trouvoit des prétextes pour le rompre , afin d'avoir occasion de se faire encore payer en en signant un nouveau. Il trafiqua de sa foi avec tous les états et avec tous les princes de l'Europe, et il les trompa tous, à l'exception de Ferdinand , dit le catholique , qui étoit encore plus fourbe que lui , et par qui il fut toujours dupé. Ce Maximilien en employant tout ce que la po-litique et la souplesse peuvent inventer de ruse, parvint à épouser l'héritière de Bourgogne , et après sa mort, il marchanda celle de Bre-tagne. Il obtint pour son fils unique , Jeanne, dite la folle, celle qu'il fallut enfermer dans un château , où *elle grimpoit comme un chat*, dit l'histoire , *le long des tapisseries.*

E

Mais elle étoit héritière des Espagnes, des deux Siciles et des Indes, et cette considération ferma les yeux de Maximilien et ceux de Philippe-le-Beau son fils, sur sa folie et sur sa laideur. De ce mariage vint Charles-Quint, et de celui-ci Philippe Second, c'est-à-dire, la puissance de l'inquisition, les guerres civiles de France, les troubles de Flandres, et sur-tout ces exécrables massacres, excités et exécutés en grande partie par les moines, et qui firent disparoître du plus grand continent du monde, presque tous les peuples qui l'habitoient.

Cette funeste maison alloit s'éteindre : le malheur de l'Europe, et celui de la France ont voulu que la seule fille qui en restoit, soit allée porter sa main dans la maison de Lorraine, c'est-à-dire, dans une famille à qui nos pères ont dû trente ans de guerres civiles et la Saint-Barthelemy, dans une famille où la plus atroce ambition est héréditaire, dans une famille toujours altérée du sang français, et par les mains d'un (*) des membres de laquelle a aussi coulé la première goutte de tout celui que la révolution française a vu répandre.

_______________________

(*) Le prince de Lambesc, qui assassina un vieillard à coups de sabre, dans le jardin des Tuileries, le 12 Juillet 1789.

Dès l'instant de cette alliance, on a vu re-
naître l'éclat de la maison d'Autriche, qui,
depuis la fin du siècle dernier, s'étoit amorti,
et ses prétentions à la monarchie universelle.
Connoissant la puissance que les mots ont sur
les hommes, les princes Lorrains, devenus Au-
trichiens, ont fait rentrer dans leur maison
la dignité impériale qui en étoit sortie, et ils
l'y ont rendue comme héréditaire : ils encou-
ragent le délire des publicistes Allemands,
qui prétendent qu'il n'y a pas de droits qui
ne soient attachés à ce nom d'empereur, et
dans l'occasion, leurs ministres les revendi-
quent. Ils ont repris la politique de leurs pré-
décesseurs sur les mariages, et ils l'ont perfec-
tionnée. Les autres familles s'appauvrissent
quand les enfans s'y multiplient ; mais dans celle
de Lorraine-Autriche, plus le nombre d'enfans s'accroît, plus s'accroissent aussi sa richesse
et son influence. Avec l'un de ses fils elle s'em-
pare (*) des états, que l'extinction d'une mai-

_______________

(*) L'empereur allemand, se prétendant empereur
romain, c'est à s'approcher de Rome, afin d'y régner
un jour, que tend une partie de sa politique, il a
usurpé le Milanois sur les héritiers de Visconti ; un
traité a mis dans les mains de sa famille, l'héritage
des Médicis ; un mariage va y mettre celui de
la maison d'Est. Comme le duc de Modène étoit

son souveraine va laisser vacante; avec une autre, elle s'approprie, en Allemagne, les grandes maîtrises, les principaux évêchés, les électorats; elle marie ses filles dans les principales cours de l'Europe; et l'éducation qu'elle leur donne en naissant, leur inspirant, pour leur famille, et sur-tout pour son chef, un dévouement sur lequel le temps, l'absence, le changement de nom, et l'intérêt même de leurs enfans n'ont aucune prise, tous les états où règnent les maris de ces Autrichiennes, perdent en quelque sorte leur indépendance, et ne sont plus que des provinces de la monarchie de l'empereur. C'est à cette situation que Marie-Antoinette avoit sur-tout réduit la France; la révolution l'en a retirée, et a puni l'Autrichienne; jugez si François d'Autriche peut jamais lui pardonner ?

---

encore jeune et marié, et que le projet d'avoir, après lui ses états, auroit pu être renversé par la naissance d'un enfant mâle, l'Autriche a fait consentir le duc à n'en point avoir; ceux qui voudront connoître plus particulièrement ce fait, qui seroit incroyable, si rien pouvoit l'être de la part des princes, en matière de bassesse et d'ambition, peuvent lire le voyage d'Italie; publié récemment par Gorani: ils y trouveront à ce sujet des détails curieux.

Il a déjà donné de son ressentiment de funestes preuves. Violateur effronté du droit des gens, il a fait enlever sur un territoire neutre deux ministres de la république, et il les a fait plonger dans des cachots. Il a reçu des mains d'un traître quatre commissaires de la convention, et il les retient dans les fers depuis vingt mois. Des patrouilles en ont enlevé un autre qui avoit eu la gloire d'arrêter à Varennes Louis le parjure, et il est traité avec la p'us grande barbarie.

Représentans du peuple, vous sur-tout qui avez voté pour la mort du ci-devant roi, et mis en jugement Marie-Antoinette, que ces exemples vous servent; prenez garde à la maniere dont vous ferez la paix avec la maison d'Autriche; vous lui avez fait des offenses qu'elle ne sait point pardonner, et son esprit est de poursuivre sans relâche ses vengeances. Poursuivez-donc de votre côté, la guerre contr'elle, jusqu'à ce que vous l'ayez anéantie, ou du moins jusqu'à ce que vous l'ayez circonscrite de nouveau dans le territoire dont le mariage de Maximilen et trois cens ans d'astuce, de cruautés et de perfidies l'avoient fait sortir. De là dépend le repos de la France et celui de l'Europe. De là dépend aussi votre sûreté, ne l'oubliez pas.

A l'égard de l'Angleterre, elle est par la nature des choses, et encore plus que l'Autriche, l'ennemie née de notre révolution. L'Angleterre a spéculé, depuis qu'elle existe en corps de nation, sur les erreurs et sur les bévues de la France, régie par un despote, et elle en a tiré sa splendeur. Celui-ci, ennemi en apparence, étoit au fond l'allié de l'Anglais et de son avidité, par la gêne qu'il imposoit à notre industrie, par les entraves qu'il mettoit au commerce, par la stupeur où il tenoit les esprits ; voilà pourquoi l'Anglais a tant regretté sa chûte, et pourquoi il a tant fait d'efforts et dépensé des sommes immenses pour le rétablir.

L'Anglais lassoit aisément, quand il lui faisoit la guerre, un despote dont elle interrompoit le repos, et à qui elle imposoit le sacrifice de quelques-unes de ses fantaisies. L'Anglais victorieux lui laissoit son territoire, c'est-à-dire, le même extérieur de puissance ; il ne le frappoit que dans la gloire nationale que le despote ne pouvoit aimer, et dans le commerce de ses sujets, qu'il aimoit encore moins, puisqu'il le chargeoit d'entraves. Voilà pourquoi il lui surprenoit si facilement et si constamment des paix si honteuses. Il n'espère pas trouver la même facilité dans la France devenue libre, où chaque homme étant citoyen , auroit part à la honte commune , qu'il eût dépendu de lui d'éviter , et l'aura à la gloire nationale , parce qu'elle sera aussi son ouvrage.

Notre révolution ne peut qu'être haïe avec violence par les Anglais , parce qu'elle les frappe tous dans ce qu'ils ont de plus sensible. Elle afflige l'avidité de leurs négocians et celle de leurs manufacturiers , qui sentent bien qu'une nation baignée par deux mers , qui a des côtes immenses , de belles rivières , et les productions les plus riches et les plus variées ; une nation qui les égale en industrie , qui les surpasse en invention , en graces , en élégance , et qui est sortie des chaînes du despotisme , est destinée à leur ravir en fait de commerce toute supériorité.

Notre révolution afflige l'Angleterre en compromettant la sûreté de la dette immense et sans hypothèque qui pèse sur elle. Elle est hors d'état de payer le principal , dont la valeur surpasse peut-être celle de son île : elle sera hors d'état aussi d'en payer les intérêts , et réduite à une banqueroute qui laissera la plupart de ses sujets sans pain , dès que son crédit disparoîtra avec la splendeur de son commerce, de laquelle il étoit né.

Notre révolution afflige l'Angleterre dans son orgueil national. Elle a tenu jusqu'ici en quelque sorte la balance de l'Europe ; c'est à nous et à nous seuls, par la masse de notre puissance, et par l'attitude si ferme et si imposante que nous avons prise, que cet honneur est désormais réservé. L'Anglais rentrera, si nous sortons victorieux de notre guerre contre lui, dans la classe des puissances du troisième ordre, et son nom prononcé jusqu'ici par lui avec tant d'orgueil, et dans les cours de l'Europe avec tant de considération, redeviendra ce qu'il devoit être, un nom que le nôtre éclipsera.

Avoir dit les causes de la haine de l'Angleterre contre notre révolution, c'est avoir dit les efforts qu'elle fera sans cesse pour la renverser, et même en quelque sorte avoir montré la nature de ces efforts. Tous les peuples qui ont été commerçans par principe de gouvernement, ont été la lie des peuples. Ce n'est que parmi eux qu'on a imaginé de faire payer les plus simples offices de la vie civile, comme de dire l'heure ou d'indiquer le chemin ; que le mot de respectable est le synonime littéral de celui de riche, et que la première question qu'on fait sur un homme, n'est pas quel est-il, mais quel bien a-t-il ? A l'insolence naturelle de tous ces peuples, les Anglois ont joint celle qu'ils tirent de la situation de leur pays ; ils regardent le bras de mer qui les sépare de nous, comme un fossé que nous n'oserons franchir, et leur île, comme une espece de place forte inaccessible à leurs ennemis. Tandis qu'avec leurs vaisseaux ils peuvent insulter par-tout, ils s'imaginent que les autres puissances qui ne sont point maritimes, ou qui ne le sont point comme eux exclusivement, ne peuvent leur rendre leurs outrages : et il faut convenir que jusqu'à présent ils ont eu raison : ainsi leur insolence a dû être extrême, parce qu'elle a été accompagnée d'impunité.

Dans leur espérance de nous anéantir, ils ont changé à notre égard les loix de la guerre ; ils ne se sont point bornés à incendier nos flottes, ni à se faire livrer nos ports, ni à exciter parmi nous des dissentions civiles, ni à accorder une protection ouverte à nos révoltés, mais ils ont contrefait nos monnoies, mais ils ont traité la France comme une ville en état de siège, dans l'espoir d'écarter ainsi d'elle tout secours en bled et en alimens, et de faire périr un peuple entier dans les horreurs de la famine. Le sort

des armes , ou pour mieux dire le succès
d'une trahison, ayant mis dans leurs mains
deux représentans du peuple , au - lieu d'ho-
norer en eux leur malheur et leur caractère , ils les ont chargés de fers ; ils ont
abrégé les jours de l'un , par les indignités
qu'ils lui ont fait souffrir , et ils ont forcé
l'autre de se pendre pour s'y soustraire.

Imitateurs des Carthaginois dans leur
cruauté envers leurs prisonniers de guerre,
ils le sont aussi de l'insolente suprêmatie
qu'ils affectoient sur les mers Les Romains
leur demandoient la liberté de navigation sur
celle de Sicile. Ils répondirent que cette mer
leur appartenoit , et que loin de permettre
aux Romains d'y naviguer , ils ne souffri-
roient seulement pas qu'ils *s'y lavassent les
mains.* L'histoire , qui nous a transmis cette
insolence des Anglais d'alors , en a aussi con-
sacré la punition. Ils croyoient pouvoir toujours braver Rome , parce qu'ils couvroient
les mers de leurs galères , et parce qu'ils
habitoient aussi à son égard une espèce d'ile.
Les Romains n'avoient point de marine , et
cette considération n'étoit pas celle qui aug-
mentoit le moins l'insolence de Carthage,
mais ils avoient un courage indomptable,
l'enthousiasme de la liberté et de la patrie,

et ils en reçurent tout ce qui leur manquoit. Une galere Carthaginoise échoua sur leurs côtes ; ils construisirent une flotte sur ce modèle, ils l'armerent, ils l'équiperent, elle chercha celle des Carthaginois, elle la battit : bientôt après, ils poursuivirent les Carthaginois sur leur sol natal, et Carthage cessa d'être.

Que cet exemple soit notre leçon. Nous avons à combattre un peuple aussi avide, aussi insolent, aussi injuste, et encore plus cruel que ne l'étoit celui de Carthage. Nous retrouvons son nom dans tous nos affronts et dans tous nos malheurs, et l'Europe s'étonne et s'indigne de notre longue patience. Voulons-nous fonder solidement notre république ? Que ces exécrables insulaires soient traités comme le furent les Carthaginois. Je ne sais pas ce qui se passe dans l'ame des autres Français ; mais l'atrocité Angloise a allumé en moi une haine inexpiable. Si j'avois l'honneur d'être représentant du peuple, ma tâche continuelle seroit de faire passer dans le cœur de mes collègues, l'implacable ressentiment qui brûle le mien, et convaincu qu'il n'est pour la république ni honneur, ni paix, ni sûreté, tant que l'Angleterre conservera sa puissance, j'opinerois

en toute affaire au senat de France , comme
Caton l'Ancien au Sénat de Rome , c'est mon
avis , *et qu'on détruise Carthage.*

A BORDEAUX , de l'imprimerie de PINARD
père et fils , rue Notre-Dame, nº. 90, aux
Chartrons.

BIBLIOTHEQUE NATIONALE DE FRANCE
3 7511 00252984 3